Affirmation du soir

Je me libère de la colère, de la frustration, et je me remplis de jolies pensées.

Affirmation du soir

Ma maison est un endroit sûr, je suis en sécurité.

Affirmation du soir

Aujourd'hui, j'ai fait de mon mieux.

Affirmation du soir

Je reviens doucement au moment présent.

Affirmation du soir

Je mérite ce repos, ce soir.

Cet exercice se pratique assis, dans votre lit, avant d'aller vous coucher, par exemple.

Inspirez sur cinq secondes, et expirez sur cinq secondes (prenez le temps de compter chaque seconde lentement).

Cette technique permet de réduire drastiquement les effets du stress et de lutter contre la dépression.

Visualisation du soir

le point

Allongez-vous confortablement dans votre lit et fermez les yeux.

Visualisez un point de lumière de la couleur de votre choix. Placez-le pile entre vos deux sourcils, au niveau de votre troisième œil.

Au rythme de votre respiration, lente et calme, déplacez ce point dans tout votre corps, faites-le bouger dans chaque recoin et parcelle de votre enveloppe physique.

Il n'y a pas de bon ou de mauvais chemin, laissez cette lumière errer jusqu'à ce qu'elle s'éteigne naturellement au moment où vous plongerez dans le sommeil.

Affirmation du soir

Tous
les muscles
de mon corps
peuvent enfin
se détendre
et se relâcher.

Tout va bien pour moi, je suis calme, serein pour m'endormir.

Affirmation du soir

Affirmation du soir

C'était une bonne journée.

Affirmation du soir

La nuit m'enveloppe dans son cocon pour m'endormir.

Affirmation du soir

Je laisse ma respiration me bercer paisiblement.

Visualisation du soir

Imaginez qu'un bol de lumière orange éclatante scintille au niveau de votre bassin. Laissez surgir les sensations agréables d'une douce chaleur.

Respirez en visualisant la lumière briller magnifiquement.

Répétez silencieusement :
« Ma vie est force tranquille et flexibilité. »

Respirez et prenez votre temps avant de vous endormir sereinement.

tranquillité & douceur

Concentrez-vous sur votre visage. Laissez-le se détendre. Relâchez votre mâchoire, laissez votre langue se poser délicatement contre votre palais, détendez les muscles autour de vos yeux...

Relâchez vos épaules en les éloignant le plus possible de vos oreilles. Baissez-les, sentez vos omoplates se fondre dans le matelas.
Détendez chaque bras, en les bougeant de haut en bas.

Expirez profondément lors de votre prochaine respiration. Détendez les muscles de votre torse. Puis, passez à vos jambes du haut vers le bas en finissant par vos orteils.

Videz votre esprit pendant dix secondes.
Imaginez-vous soit allongé dans un canoë sur un lac avec rien d'autre qu'un ciel bleu clair au-dessus de vous, ou bien étendu dans un hamac en velours noir dans une chambre noire.
Si vous éprouvez des difficultés à visualiser ces deux précédentes options, voici une autre solution : répétez dix fois doucement « Ne pense à rien, ne pense à rien, ne pense à rien. »
Respirez calmement.

Visualisation du soir

Écoutez un instant les sons autour de vous.
Des plus lointains aux plus proches.
Des plus bruyants aux plus subtils.

Avalez maintenant votre salive.
Laissez-la couler le long de votre gorge.
Parvenez-vous à détecter un goût particulier, ou au contraire rien du tout ?

Portez votre attention au niveau de vos narines.
Notez la sensation d'air qui rentre et qui sort.
Peut-être sentez-vous la délicate différence de température de l'air plus frais qui s'engouffre et de l'air plus tiède qui ressort ?

Vos yeux sont toujours fermés, et dans cette obscurité vous parvenez peut-être à déceler des formes, des couleurs, des nuances. Ou alors l'absence de lumière, le noir complet.

Portez votre attention vers la sensation de vos mains, qui reposent sur une partie de votre corps. La sensation de ce corps tout entier, des habits qui touchent votre peau.

Vous êtes présent, vous êtes là, vous êtes bien.

les 5 sens

Visualisation du soir

L'humain a naturellement tendance à se focaliser sur ce qui pèche dans sa vie, et les challenges qu'il rencontre. Pour commencer cette journée du bon pied, avec plus de légèreté, vous allez changer la donne.

Vous allez dresser mentalement une liste des choses positives qui vous ont plu aujourd'hui, par exemple :

Les personnes que vous appréciez avec lesquelles vous avez échangé.

Un repas que vous avez aimé.

Une musique qui vous a donné le sourire.

Une activité que vous avez faite.

Un projet qui s'est mis en place.

La liste positive

Visualisation du soir

Le but de la méditation, c'est de se poser, de ralentir. D'apprendre à savourer les sensations, à rester tranquille, neutre et en harmonie avec son corps et son esprit.

Visualisez toutes les pensées qui se bousculent dans votre tête. Au lieu de vouloir à tout prix vous en débarrasser, essayez de vivre avec.

Au rythme de votre souffle, vos inspirations et vos expirations vont et viennent, comme des vagues, et bercent ce flot de réflexions. Ces vagues emportent avec elles les tensions, les doutes, les questions.

La puissance de cette eau vous permet de vous nettoyer de l'intérieur. Cela vous rend disponible pour vous-même. Alors tout ce que vous avez à faire ici, c'est de respirer tranquillement.

Vous portez quotidiennement un bagage émotionnel sur vos épaules. Comme une pile de sacs et de valises, dont il faudrait vous délester progressivement pour vous sentir plus léger.
Il vous faudrait un allié de taille : le groom. Vous voyez sûrement ces hôtels dans lesquels un gentleman porte les bagages des clients du hall jusqu'à leur chambre. Ce groom, une fois arrivé dans la chambre, dépose toutes les valises et regagne son poste.

Cela n'aurait aucun sens qu'il reparte avec son chargement. Il en va de même pour vous. Pourquoi continuer à porter tout ce poids sur vos épaules si vous avez l'opportunité de l'alléger un peu ?

Visualisez-vous portant de lourdes valises dans chacune de vos mains. Sur votre dos, un sac, et peut-être même, sur votre tête, un baluchon.
Petit à petit, tranquillement, autorisez-vous à déposer tout ce chargement par terre. Une fois que c'est fait, bougez vos doigts, massez vos bras, roulez vos épaules. Et sentez comme il est bon de s'alléger un peu.

Visualisation du soir

la montagne

Imaginez que vous êtes assis devant une chaîne de montagnes. Prenez le temps de les observer, puis choisissez-en une en particulier.

Concentrez-vous sur sa structure, la roche, les versants abrupts, les flancs et la neige. Notez l'immobilité de cette montagne. Stable, solidement ancrée dans le sol. Tandis que vous respirez calmement, vous incarnez vous aussi petit à petit cette montagne. Vos bras sont les flancs, votre tête le sommet, et votre corps l'ensemble majestueux.

Elle est belle, cette montagne, et pourtant elle en subit, des choses. Imaginez-la, en pleine tempête, sous la pluie, sous la grêle. Imaginez-la souffrir de l'érosion du temps, des avalanches, etc.
Malgré toutes ces intempéries, la montagne reste là, forte, immobile et majestueuse. Elle est belle en étant simplement ce qu'elle est. Tout comme vous. De nombreux challenges secouent votre vie et pourtant vous restez là, comme la montagne.

Laissez votre respiration calme et sereine illustrer un moment cette tranquillité.

Votre capacité d'expression est un puits. Il est plus ou moins profond, plus ou moins rempli. Mais ce puits, c'est votre source d'énergie, c'est ce qui vous permet de trouver la force de relever des défis, malgré vos peurs.

Visualisez votre puits, totalement vide. Il n'y a plus rien, plus aucune source d'énergie.
C'est le néant.
Sans cette force, il est impossible de sortir de sa zone de confort, impossible de s'affirmer, impossible de trouver sa place.

Alors vous devez le remplir. Allez-y...
Au rythme de votre souffle, remplissez-le : d'eau, de lumière, de couleur, comme vous voulez.
Plus il sera plein, plus vous ferez confiance à cette petite voix en vous. C'est là toute la beauté de cet exercice au long cours : parvenir à contrôler le niveau de ce puits.

Le garder à flot ou l'augmenter demande un effort quotidien. Rien n'est jamais acquis, mais recueillez chaque jour des petites choses qui permettent à ce niveau de se maintenir (un compliment, une réussite, une petite fierté, etc.).

Visualisation du soir

le balayage corporel

Prenez le temps de respirer en visualisant votre corps dans son intégralité. Au rythme de vos inspirations et expirations, laissez votre esprit voyager.

Commencez par prendre conscience de vos pieds, de leur position, de la sensation provoquée par la surface qu'ils touchent. Puis, remontez lentement vers vos chevilles, vos mollets, vers vos cuisses. Sentez le relâchement de vos muscles. Votre bassin, votre ventre qui bouge lentement, votre buste... Venez maintenant sentir la force de vos épaules, de vos bras, de vos mains. Effectuez un léger demi-tour pour revenir vers votre nuque, puis montez vers le visage. Ici, votre but sera de détendre chaque petit muscle. Relâchez la mâchoire, desserrez les dents, sentez l'air qui entre et qui sort de vos narines. Vos paupières sont fermées, et votre esprit peut enfin lâcher prise.

Restez dans cette bulle quelques secondes, et laissez-vous partir dans le sommeil.

Action du soir

l'auto-massage

Asseyez-vous confortablement.
Avec la main opposée, saisissez le haut de votre épaule (toute la zone du trapèze). Imaginez que vous souhaitez décoller le muscle de sa structure osseuse. Effectuez quelques mouvements de massage. Vous pouvez remonter jusqu'à la nuque.

Sentez-vous quelques tensions ?
Si c'est le cas, ne vous inquiétez pas, c'est tout à fait normal.
C'est une zone où l'on stocke énormément de stress.
Avant de passer à l'autre côté, terminez en tapotant le dessus de l'épaule délicatement.

Effectuez la même opération sur le bras opposé.
Au terme de votre auto-massage, prenez quelques respirations en conscience, avant de retourner à votre soirée.

Action du soir

Au moment où vous sentez le tumulte des pensées et des émotions qui monte et devient difficile à gérer, fermez les yeux.

Pour passer une nuit réparatrice, vous devez complètement switcher la fonctionnalité de votre cerveau. Il est actuellement en mode « combat ».
Vous allez réussir à le repasser en mode « tranquillité ».

Prenez une grande inspiration de quatre secondes par le nez : 1, 2, 3, 4, puis bloquez votre souffle sept secondes (comptez), puis relâchez tout pendant huit secondes (comptez).
Renouvelez l'exercice une fois.

Reprenez une respiration naturelle et posez-vous la question : « Comment est-ce que je me sens, là, maintenant ? »
En vous interrogeant sur ce tumulte de pensées, vous prenez de la hauteur pour observer les choses, vous devenez simple spectateur du moment qui vous traverse, et vous prenez conscience que c'est temporaire, que vous pouvez vous laisser aller.

le 4-7-8

Action du soir

Essayez de vous concentrer uniquement sur votre souffle, sans vous laisser happer par vos pensées. Restez là, immobile et silencieux, le plus longtemps possible, avant de partir pour votre nuit.

le silence

Action du soir

Ressentez de la gratitude pour la vie, en consacrant une minute entière à vos émotions.

Observez-les toutes sans exception : sans les juger, sans vouloir résoudre quoi que ce soit.

Au moment de préparer votre dîner, placez-vous dans une bulle de tranquillité et, au lieu d'enchaîner les actions habituelles de façon presque automatique concentrez-vous sur chaque étape, et surtout sur chaque sens engagé.

La saveur de votre plat, qui touche votre langue et coule dans votre gorge. La découpe des légumes, leur odeur, leur saveur. L'onctuosité de la sauce, ou encore la couleur vive des fruits…

Imprégnez-vous de tous ces détails, et notez finalement ô combien ils sont uniques chaque fois que vous vous mettez à table.

Respirer avec le ventre pour se soulager

Action du soir

On dit souvent que le ventre est notre deuxième cerveau. Votre tête est peut-être embrouillée ce soir, vous allez donc vous focaliser sur votre ventre pour apaiser vos tourments.

Allongez-vous et placez la paume de vos mains sur votre abdomen. Fermez les yeux et concentrez-vous un instant sur les mouvements de ce dernier.

Notez que, à chaque inspiration, le ventre se gonfle, et que, à chaque expiration, il se creuse légèrement.

Ces mouvements paraissent toujours subtils au premier abord, il faut donc bien vous concentrer pour ressentir les bienfaits de cet exercice.

La technique du verre d'eau

Action du soir

Écrivez sur un morceau de papier ce qui vous a posé problème au cours de la journée. Il doit s'agir d'un souci que vous ne parvenez pas à surmonter seul.

Posez un verre d'eau sur cette feuille de papier. Puisque vous n'arrivez pas à résoudre ce problème, l'eau va se charger de faire le nettoyage pour vous.

En vous réveillant le lendemain matin, vous irez jeter l'eau du verre. Pour lâcher prise, avec cet exercice, vous allez envoyer un message de visualisation à votre inconscient. L'eau jetée illustrera votre façon à vous de chasser les soucis de la veille. Ils disparaissent pendant que vous videz le verre.

Action du soir

écrire pour aller mieux

Il est parfois difficile de faire sortir certains mots lorsqu'il s'agit d'exprimer ses émotions. C'est pour cela que l'écriture représente l'un des meilleurs exutoires possibles.

Prenez un carnet, et laissez-le à portée de main sur votre table de chevet, avec un crayon. Chaque soir, notez-y quelques mots. Nul besoin d'être logique, littéraire ou poète. Laissez votre imagination faire le travail. Soulagez votre esprit, en notant tout ce qui vous passe par la tête.

écrire

Action du soir

ranger en cinq minutes chrono

Votre maison est votre esprit (et vice versa). Si le chaos, la saleté et la poussière y règnent, il est impossible d'avoir les idées claires. Vous aurez tendance à accumuler trop de pensées négatives, de doutes et de stress.

Avant de vous mettre au lit, octroyez-vous cinq minutes, montre en main, pour faire le tri, ranger et remettre en ordre quelques-unes de vos affaires.

Il peut s'agir de dossiers, de vêtements, de bijoux, peu importe.

En prenant un peu de temps pour mettre de l'ordre, vous permettez à votre cerveau de se libérer lui aussi de choses trop encombrantes, et ainsi, vous vous endormirez plus apaisé.

Action du soir

Au moment d'aller vous coucher, dressez mentalement une liste des choses pour lesquelles vous éprouvez de la gratitude.

Il peut s'agir de vos proches, d'une action que vous avez menée durant la journée, d'un souvenir, d'un bon plat que vous avez dégusté, d'une musique que vous avez entendue.
La liste peut être illimitée, allez-y !

une pensée pour dire merci

Respiration du soir

respiration alternée

Avec votre main droite, formez un poing. Faites ressortir le pouce et l'auriculaire. Prenez quelques respirations conscientes. Fermez les yeux et posez votre petit doigt délicatement sur votre narine gauche. Inspirez avec votre narine droite. Le but étant de rendre cette respiration presque inaudible, comme une légère brise.

À la fin de l'inspiration, fermez la narine droite avec votre pouce, levez l'auriculaire pour expirer par votre narine gauche. Même principe ensuite, mais dans l'autre sens. Inspirez par la narine gauche, refermez-la, puis expirez avec la narine droite en jouant toujours avec le pouce.

Reproduisez cet enchaînement plusieurs fois, et terminez l'opération en expirant par la narine gauche.
C'est une respiration qui produit une sensation de calme au niveau de l'esprit, car elle régule les fluctuations de pensées.

Respiration du soir

l'océan

Avec *ujayi*, la respiration de l'océan,
il s'agit d'écouter le son de son souffle.

Inspirez et expirez lentement par le nez,
en essayant de contracter légèrement la glotte
au fond du palais.

Pour ce faire, imaginez que vous souhaitez
faire de la buée contre une surface mais
en gardant votre bouche fermée.

Respiration du soir

Pratiquez cet exercice les yeux fermés, mais aussi en bouchant vos oreilles avec vos doigts.

Lors de votre expiration, laissez le son « mmm » s'échapper afin de ressentir l'effet vibratoire, celui émis par un bourdon.

Cette respiration améliore la concentration et la mémoire. Elle aide à équilibrer les taux de sérotonine et de mélatonine. C'est un bon moyen de lutter contre la dépression.

le bourdon

Respiration du soir

Fermez les yeux.
Visualisez une petite lumière vive au centre de votre corps.

Vous allez, au rythme de votre respiration, laisser cette lumière circuler dans votre corps.
À l'inspiration, la lumière se dirige vers votre bras droit, jusqu'au bout des doigts.
À l'expiration, elle revient au centre.
À la prochaine inspiration, elle se dirige maintenant vers le bras gauche.
À l'expiration, elle revient au centre.
Inspirez, déplacez-la vers votre jambe droite, jusqu'au bout de vos orteils. Puis expirez, laissez-la revenir au centre.
Même procédé, à l'inspiration, déplacez la lumière vers la jambe gauche cette fois-ci.
Expirez, elle revient derrière le nombril.
À la prochaine inspiration, emmenez-la vers le sommet de votre tête. Puis revenez lentement au centre à l'expiration.
Répétez l'opération encore une fois.

À la fin de cette boucle, envoyez la petite lumière vers les cinq points simultanément.

Respiration du soir

Savez-vous que, jusqu'à 2 ans, les enfants respirent par le ventre ? C'est l'exercice que vous allez mettre en place.

Vous allez solliciter votre respiration abdominale.
En inspirant, emplissez d'air vos poumons et votre ventre simultanément, puis videz tout en expirant, de manière instinctive.

Cette respiration est naturellement plus lente et plus profonde, ce qui mène à un meilleur « remplissage » et « vidage » des poumons et, par conséquent, à une meilleure oxygénation du sang.

respiration du nouveau-né

Respiration du soir

Le plexus solaire

Placez votre index et votre majeur au niveau de votre plexus solaire (juste sous le sternum).

Effectuez une légère pression avec vos doigts, pour les enfoncer jusqu'à ce que vous sentiez une résistance. Bien souvent, il va s'agir d'un point assez sensible.

Appuyez quelques secondes sur ce point et respirez tranquillement en laissant votre ventre se gonfler contre vos doigts.

Respiration du soir

Inspirez profondément par le nez,
et relâchez tout bruyamment
par la bouche.

Vous pouvez renouveler l'opération
trois fois.

le relâchement

Respiration du soir

Il s'agit ici d'une respiration en quatre temps, uniquement effectuée par le nez.

Inspirez en comptant mentalement jusqu'à 4, puis bloquez votre souffle pendant quatre temps, les poumons pleins.

Expirez sur quatre temps, et bloquez également votre respiration, cette fois-ci, les poumons vides.

Renouvelez l'exercice pendant plusieurs minutes avant de reprendre une respiration naturelle.

le carré

Imaginez le haut de votre corps séparé en trois niveaux distincts. Grâce au souffle, vous allez alternativement remplir et vider chaque niveau.
Commencez à inspirer en laissant votre abdomen se gonfler, c'est donc la partie inférieure qui se remplit.

Continuez votre chemin, toujours en inspirant, en gonflant votre cage thoracique : la partie médiane des poumons se remplit à son tour.

Enfin, l'air inspiré remonte davantage dans la partie supérieure, vous sentez le souffle passer par les narines.

Pour rendre cette respiration complète, il vous faudra faire le chemin inverse lors de l'expiration.
L'air passe par les narines et vide la partie supérieure, les poumons se désemplissent, enfin, le ventre se creuse légèrement.

Répétez l'opération autant de fois que nécessaire, jusqu'à ce que vous sentiez qu'il est temps de reprendre votre vie quotidienne.

AFFIRMATIONS

On manque parfois de temps pour se poser longuement afin de méditer.
Cependant, quelques secondes seulement suffisent pour faire la différence, surtout en fin de journée.
Vous allez tirer une carte au hasard.
Lisez l'affirmation, puis répétez-la cinq fois. Vous pouvez choisir de répéter cette phrase à voix haute, ou mentalement.

VISUALISATIONS

Il s'agit ici de la section qui va vous demander le plus de temps (dix bonnes minutes), car vous aurez besoin de vous concentrer.
N'hésitez pas à vous mettre dans votre lit, et à effectuer ces exercices avant de vous coucher.
Le principe est de parvenir à imaginer des formes, des couleurs et des intentions, afin de lâcher prise et de s'endormir en douceur.
Lisez l'exercice attentivement puis fermez les yeux, et essayez de reproduire mentalement ce que vous avez lu.

ACTIONS

Le but de cette section est de vous faire comprendre que « méditer » ne rime pas toujours avec « spiritualité ».
Vous avez, avec ces cartes, qui détaillent des actions très simples, l'occasion de mettre en place une routine efficace dans votre quotidien, et ainsi de profiter d'une soirée agréable sans le stress de la journée passée.
Piochez une carte, lisez-la et enchaînez directement avec l'action énoncée.

RESPIRATIONS

Pour lâcher prise efficacement, le meilleur allié reste évidemment le souffle.
C'est le passage des énergies, le fameux *prana* (ou qi en médecine chinoise).
Piochez une carte. Vous pouvez d'ailleurs l'utiliser seule, ou l'associer à une carte piochée dans la section « Affirmations », au moment où vous déciderez d'aller vous coucher.
Vous trouverez une brève consigne de l'exercice à reproduire et une indication du nombre de répétitions pour que vous puissiez reproduire la respiration de manière optimale.

Vous souhaitez enfin passer une soirée sereine et optimiser votre sommeil, mais vous ne savez pas par où commencer ? Cette boîte de « Méditations du soir » est faite pour vous. Cette édition du soir est composée de 4 sections : « Affirmations », « Visualisations », « Actions » et « Respirations ».

Terminez votre journée en toute sérénité, en piochant une ou plusieurs cartes et en suivant les instructions.

Inprint LA MAISON HACHETTE
58, rue Jean Bleuzen – 92178 Vanves Cedex
www.hachette-pratique.com

Direction Hachette Pratique : Catherine Saunier-Talec
Responsable d'édition : Stéphane Rosa
Responsable de projet : Fanny Ecochard-Martin
Relectures : Céline Derouet et Amélie Poggi
Direction artistique et illustrations : Laura Lhuillier
Réalisation graphique : NordCompo
Fabrication : Cécile Alexandre-Tabouy
Responsable communication : Johanna Rodrigue
Responsable partenariats : Dana Lichiardopol
(dlichiardopol@hachette-livre.fr)

Dépôt légal : août 2021
40-0603-8/01
ISBN : 978-2-01-628037-9
Achevé d'imprimer en juin 2021 par Toppan Leefung en Chine.